महताब

कविता और शायरी

श्रीराज मेनन

क्रम-सूची

क्रम-सूची

क्रम-सूची

क्रम-सूची

क्रम-सूची

भूमिका

पुस्तक में लेखक द्वारा लिखित हिंदी कविताएँ और शायरी शामिल हैं। इसमें कविताएं, शायरी और प्रेरणादायक उद्धरण शामिल हैं।

इस पुस्तक में लेखक द्वारा लिखी गई कुछ कविताएँ और शायरियाँ हैं जो प्रेम, प्रकृति और जीवन के सामान्य दैनिक पहलुओं पर आधारित हैं। कुछ प्रेरक प्रसंग भी हैं। प्यार में पाया गया प्यार, खोया हुआ प्यार और फिर से जगा हुआ प्यार शामिल है। इसी तरह, प्रकृति में प्रकृति का महत्व है और लोग बिना किसी दुष्प्रभाव के प्रकृति का अपने फायदे के लिए दुरुपयोग करते हैं। सामान्य में जीवन के सामान्य पहलू होते हैं जो लोगों और परिवेश के साथ चलते हैं।

पावती (स्वीकृति)

मैं अपने उन दोस्तों को धन्यवाद देना चाहता हूं जिन्होंने मुझे कविताएं और शायरी लिखने के लिए प्रेरित किया, जिसे मैं कहता था और भूल जाता था। मैं Your Quote प्लेटफॉर्म और उसके सभी सदस्यों और समूहों को भी धन्यवाद देना चाहता हूं जिन्होंने मुझे अनुमति दी और मुझे इसके मंच पर अपनी सामग्री लिखने के लिए प्रेरित किया। मैं नोशन प्रेस और उसके सभी सदस्यों को भी धन्यवाद देना चाहता हूं जिन्होंने मुझे अपनी सामग्री को अपने मंच और समय-समय पर मार्गदर्शन के माध्यम से प्रकाशित करने की अनुमति दी, जो उन्होंने मुझे मेरी त्रुटियों को ठीक करने के लिए दिया।

1. जल रहा है कायनात

आग नफ़रत की चारों ओर है भड़की
जल रहा है कायनात सुलगकर चिंगारी

होगा कब ये तीसरा विश्व महायुद्ध यहाँ
ये सोच कर डरता है मोहब्बत की गली

चीक्कर चिल्लाकर कहता है लोग यहाँ
बात कर सुलजाओ कर लो शांतिबहाली

— Raj

2. आख़िरी मोहब्बत

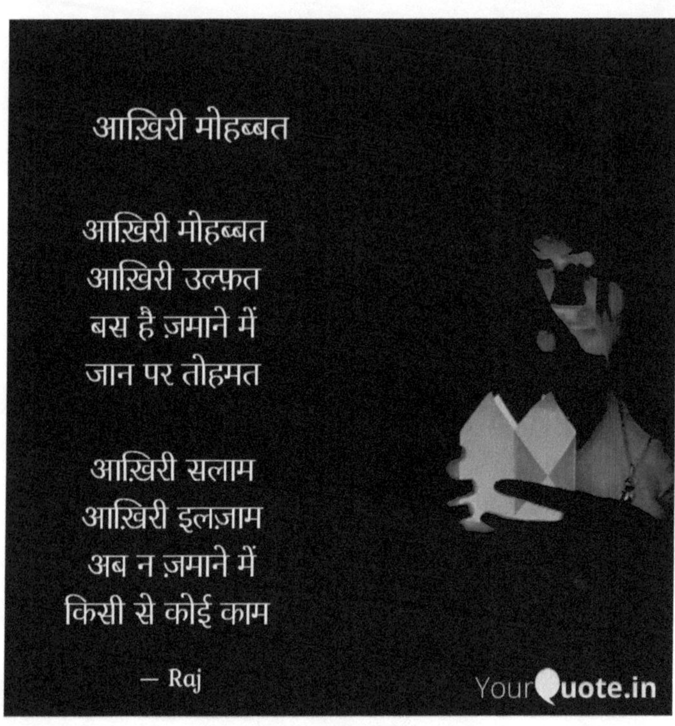

आख़िरी मोहब्बत

आख़िरी मोहब्बत
आख़िरी उल्फ़त
बस है ज़माने में
जान पर तोहमत

आख़िरी सलाम
आख़िरी इलज़ाम
अब न ज़माने में
किसी से कोई काम

— Raj
YourQuote.in

3. आँखों में जो कशिश

आँखों में जो कशिश है तेरी
दिल को यूँ घायल करता है
होठों पर जो लगी है लाली तरी
कहीं चुम्बन को उकसाता हैं
ऐसे में क्या कर सकता है कोई
सिर्फ उल्फत-ए-इश्क़ कर जाए

— Raj

4. अब लगता है

अब लगता है

अब लगता है दुनिया में विश्व युद्ध होगा
दुनिया किसी की ज़िद् से तबाह होगा
होगा बर्बाद ये कायनात और ये इमारतें
जान भी जाएगी बेकसूरों की बिना शर्तें
हार ना मानेगा यहाँ ये दो महा शक्तियाँ
जिसकी सजा औरों को भुगतना होगा

— Raj

5. ज़िंदगी तू तरसाती बहुत

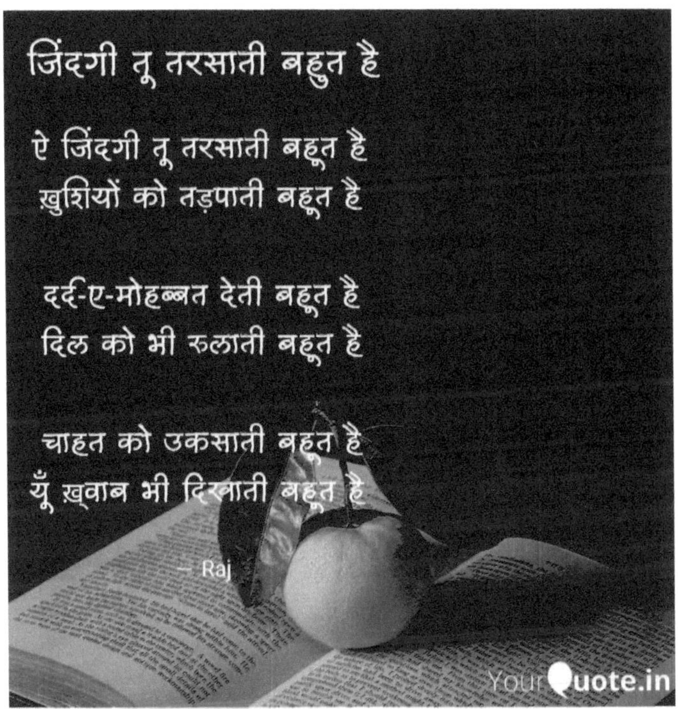

6. अकेला आया हूँ धरती पर

7. अंत है काल चक्र का

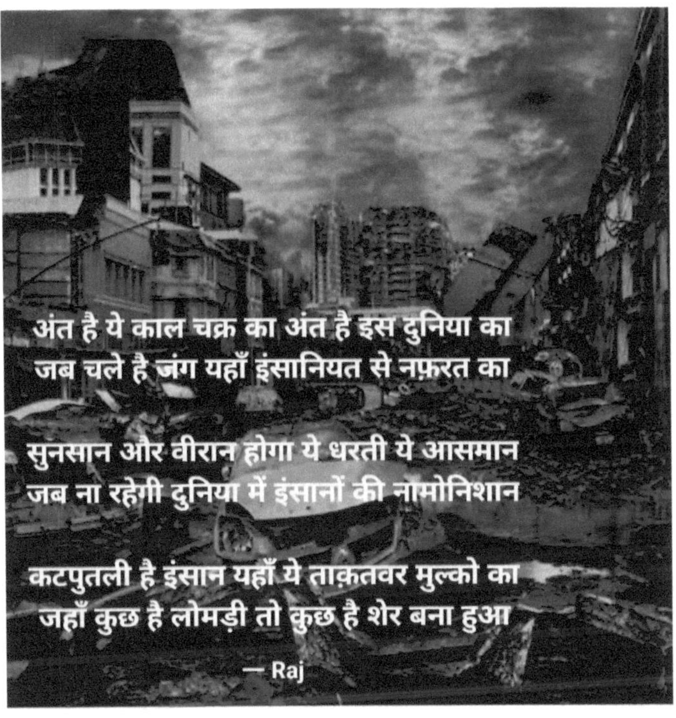

अंत है ये काल चक्र का अंत है इस दुनिया का
जब चले है जंग यहाँ इंसानियत से नफ़रत का

सुनसान और वीरान होगा ये धरती ये आसमान
जब ना रहेगी दुनिया में इंसानों की नामोनिशान

कटपुतली है इंसान यहाँ ये ताक़तवर मुल्को का
जहाँ कुछ है लोमड़ी तो कुछ है शेर बना हुआ

— Raj

8. भावना में मत बहो

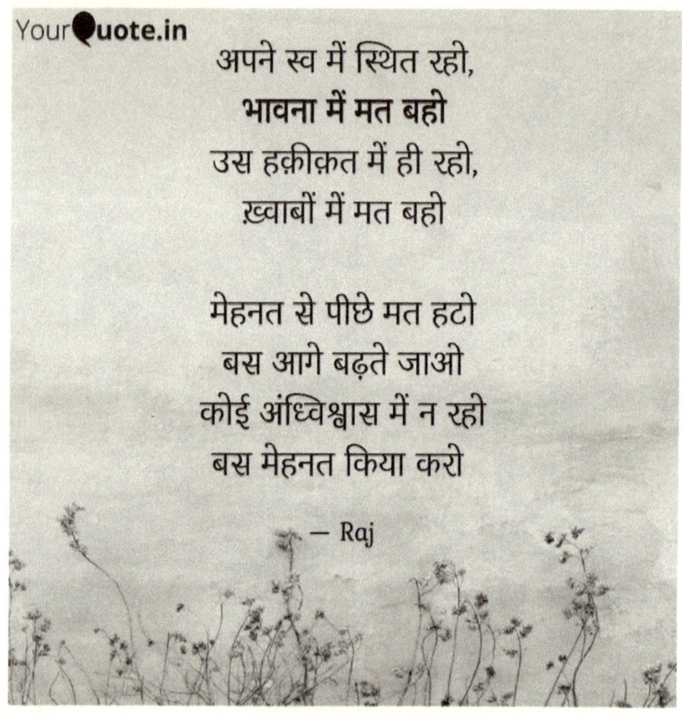

अपने स्व में स्थित रहो,
भावना में मत बही
उस हक़ीक़त में ही रही,
ख़्वाबों में मत बही

मेहनत से पीछे मत हटो
बस आगे बढ़ते जाओ
कोई अंधविश्वास में न रही
बस मेहनत किया करी

— Raj

9. गुल सी खुबसूरत

अर्ज़ कुछ यूँ किया है ज़रा गौर फरमाइयेगा

गुल सी खूबसूरत हर लम्हा हो जाए
तेरे आने से गुलाब सी महक छा जाए

तू नहीं तो इस महफ़िल में क्या मज़ा है
आजाओ मिलकर हम मोहब्बत बरसाए

— Raj

10. खुबसूरत सा ज़िन्दगी

11. सब कुछ महंगा है

अर्ज़ कुछ यूँ किया है ज़रा गौर फरमाइयेगा

सब कुछ महंगा है एक इंसानियत के सिवा
सब कुछ महंगा है एक इंसानियत के सिवा
सस्ती होती गई जान जो थे कभी अनमोल यहाँ

क़दर नहीं रहा इंसान और ये इंसानियत की अब
बस खेल लेते है दुनिया जब मर्जी जान से यहाँ

— Raj

12. कोख से लेकर

अर्ज़ कुछ यूँ किया है ज़रा गौर फरमाइयेगा

सफ़र है ये कोख से लेकर छे फुट ज़मीन तक
सफ़र है ये कोख से लेकर छे फुट ज़मीन तक
गुरूर किस बात का यहाँ ज़मीन से आसमान तक

पा लिया तुमने क्या जो लेकर जाओगे जनाब
पा लिया तुमने क्या जो लेकर जाओगे जनाब
भूल गये हो क्या होती नहीं है जेब-ए-कफ़न

— Raj

13. सरताज ग़र ख़राब हो

14. बाहों से लिपटकर

बाहों से लिपटकर तेरी दिल के अरमान पुरे कर लूँ
थोड़ी देर मोहब्बत में तेरे यूँही वक़्त को गुज़ार लूँ
– Raj
Shayar1221

15. भरोसा वो रास्ता है

भरोसा वो रास्ता है,
जो रिश्तों को मिलवाता है
उस रास्ते पर चलने से
कहीं ग़म दूर हो जाता है

सजदा कर मांगू ख़ुदा से
इस रिश्ते को सलामत रखें
कहीं गलतफहमी के चलते
वो टूट कर बिकर ना जाए

— Raj

16. निगाहें बोल देती हैं

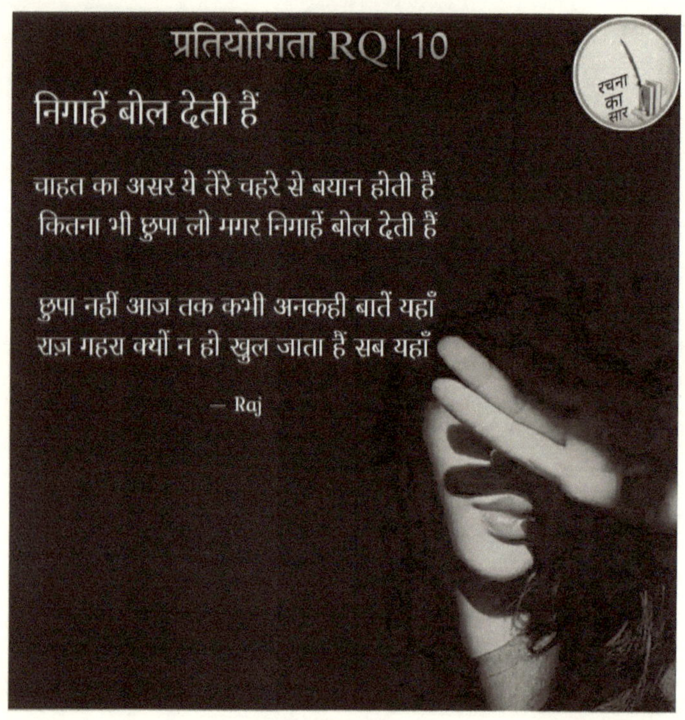

प्रतियोगिता RQ | 10
रचना का सार

निगाहें बोल देती हैं

चाहत का असर ये तेरे चहरे से बयान होती हैं
कितना भी छुपा लो मगर निगाहें बोल देती हैं

छुपा नहीं आज तक कभी अनकही बातें यहाँ
राज़ गहरा क्यों न हो खुल जाता हैं सब यहाँ

— Raj

17. चिराग़-ए-इश्क़

चिराग़-ए-इश्क़ रोशन है शब-ए-महताब में
देखकर बाहों में मेरे ये सितारे भी शर्मा गए
– Raj
Shayar1221

18. डूबे हैं मझधार में

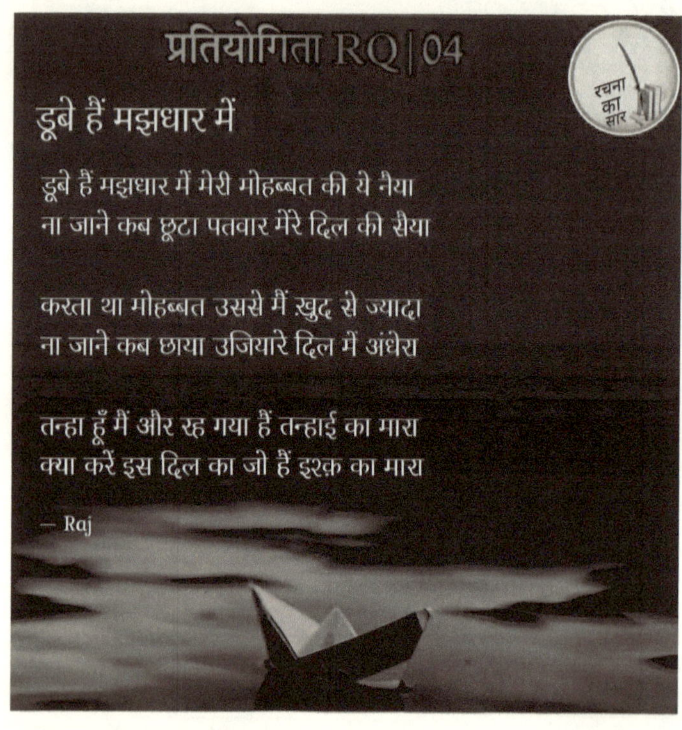

प्रतियोगिता RQ|04
डूबे हैं मझधार में
डूबे हैं मझधार में मेरी मोहब्बत की ये नैया
ना जाने कब छूटा पतवार मेरे दिल की रैया
करता था मोहब्बत उससे मैं खुद से ज्यादा
ना जाने कब छाया उजियारे दिल में अंधेरा
तन्हा हूँ मैं और रह गया हैं तन्हाई का मारा
क्या करें इस दिल का जो हैं इश्क़ का माय
— Raj

19. दिल में हुई हलचल

20. दिल खोल के रंग लगा लो

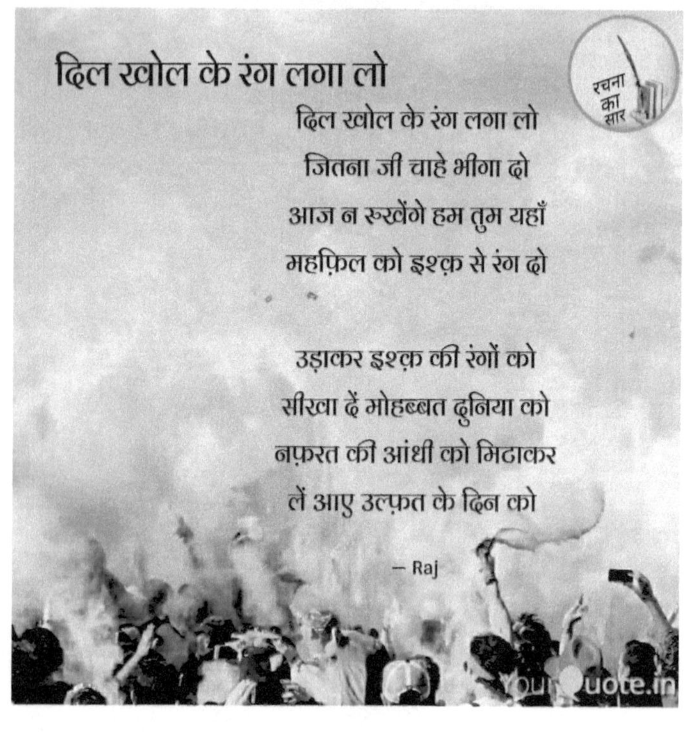

21. एक मुस्कुराता सा चेहरा

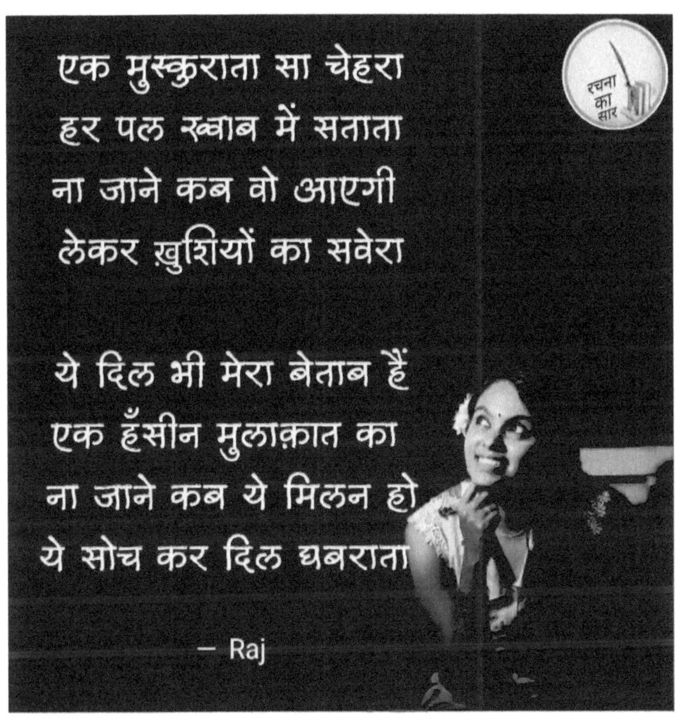

22. तक़दीर कुछ तो बता

23. कोई नही बताता

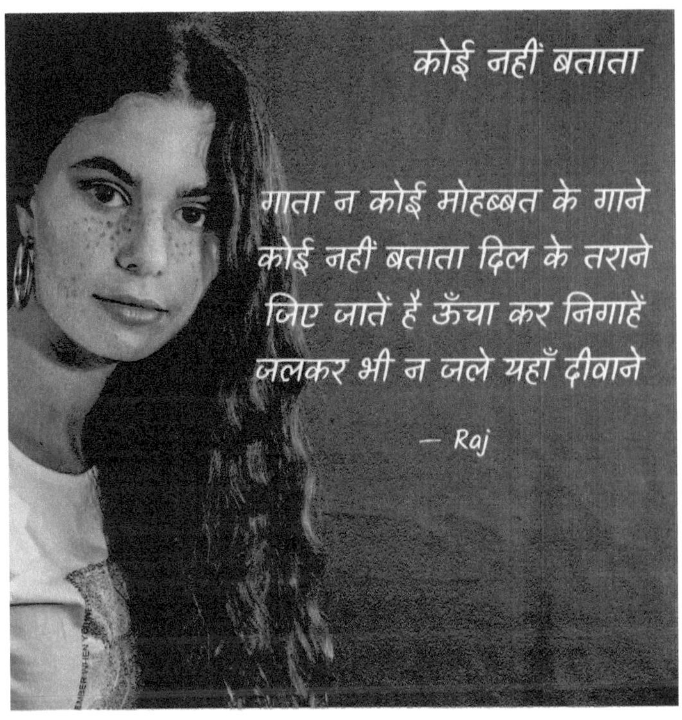

कोई नहीं बताता

गाता न कोई मोहब्बत के गाने
कोई नहीं बताता दिल के तराने
जिए जातें है ऊँचा कर निगाहें
जलकर भी न जले यहाँ दीवाने

— Raj

24. ग़म-ए-मोहब्बत

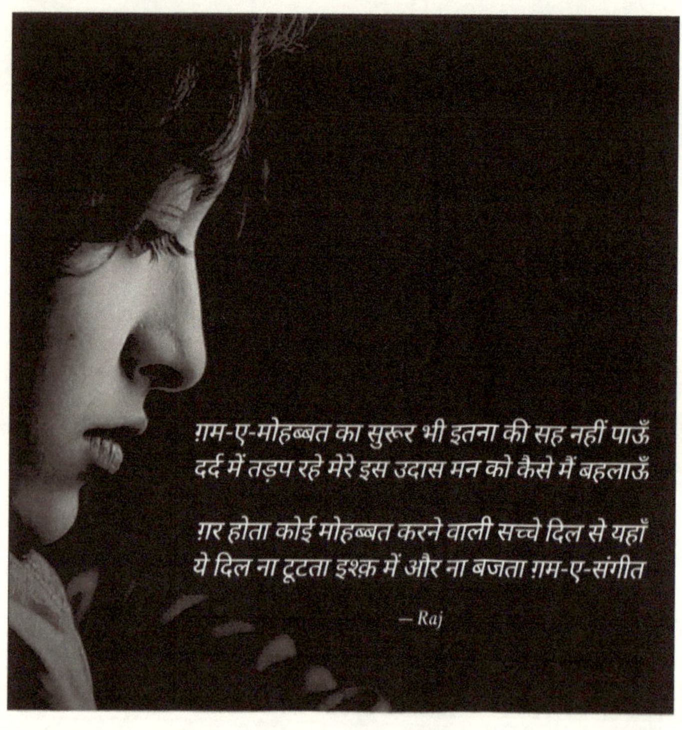
ग़म-ए-मोहब्बत का सुरूर भी इतना की सह नहीं पाऊँ
दर्द में तड़प रहे मेरे इस उदास मन को कैसे मैं बहलाऊँ

ग़र होता कोई मोहब्बत करने वाली सच्चे दिल से यहाँ
ये दिल ना टूटता इश्क़ में और ना बजता ग़म-ए-संगीत

— Raj

25. ग़म के सागर में

ग़म के सागर में

ग़म के सागर में डूब जाती है जब कोई नैया

ना साहिल का पता होता है ना कोई पतवार

— Raj

26. आख़िर तो

YourQuote.in
आख़िर तो
ग़ुरूर-ए-आलम इस क़दर चढ़ गया
दिखाई नहीं देता दिल मोहब्बत का

जब रुसवाई हो गई इश्क़ में जमकर
आख़िर तो ख़ुद ज़मीं पर आना पड़ा

— Raj

27. गुज़रते उन वक़्त में

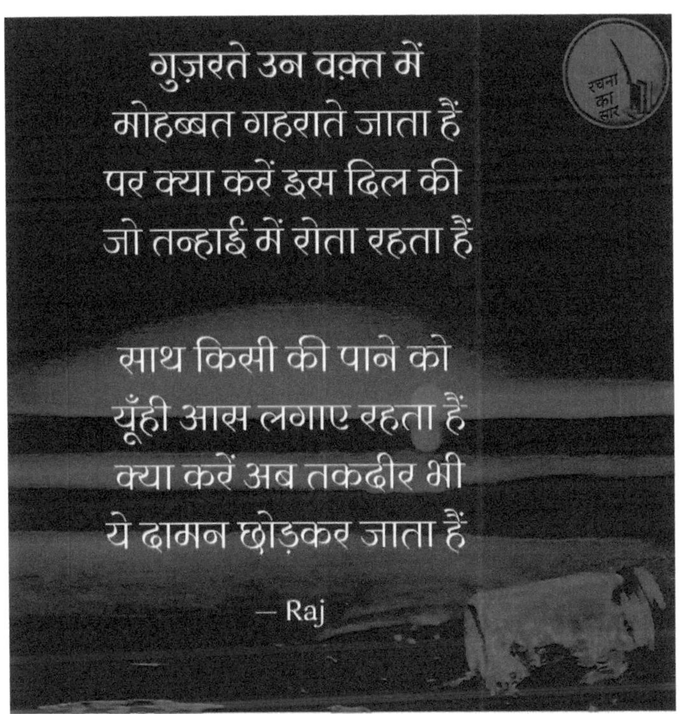

28. सपनों का आसमान

सपनों का आसमान

गुज़रते वक़्त के साथ बदल जाता हैं सपनों का आसमान
कोई पा लेता हैं सबकुछ तो किसी का रह जाता हैं समान

अधूरी ख़्वाहिशों का शृंखला बनकर रहता हैं कई अरमान
जिसे पाने के लिए हर वक़्त भरता रहता हैं ये लोग उड़ान

— Raj

29. देखते नही बनता

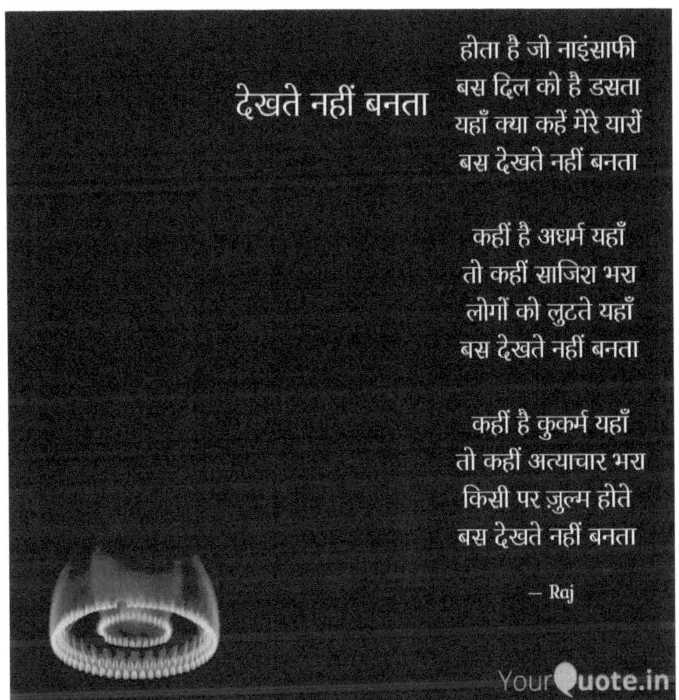

देखते नहीं बनता

होता है जो नाइंसाफी
बस दिल को है डसता
यहाँ क्या कहें मेरे यारों
बस देखते नहीं बनता

कहीं है अधर्म यहाँ
तो कहीं साजिश भरा
लोगों को लुटते यहाँ
बस देखते नहीं बनता

कहीं है कुकर्म यहाँ
तो कहीं अत्याचार भरा
किसी पर जुल्म होते
बस देखते नहीं बनता

— Raj

30. हर दर्द के पीछे

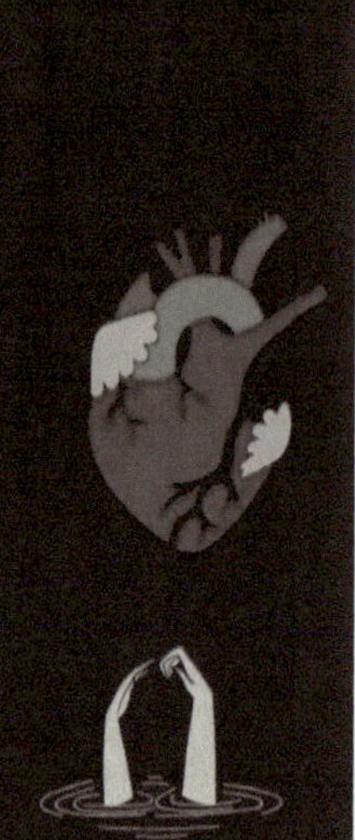

हर दर्द के पीछे

हर दर्द के पीछे ये बेदर्द ज़माना है
जो जीने नहीं देते कही फस्माना हैं
कुछ करने नहीं देते रोकते रहता है
अपने उसूलों से बेवकूफ बनता हैं

हर बार यहाँ ये दिल टूटता रहता है
फिर जोड़कर उसे निशान दें देता है
निशानों का दर्द कभी नहीं भूलता है
बस रह कर वो नासूर बन जाता है

— Raj

YourQuote.in

31. हर लम्हा याद

हर लम्हा याद दिलाता है,
ये जीवन हाथ से जाता है
किसी का साथ छूट जाता है
यूँही तन्हा यहाँ रह जाता है

जब मोहब्बत रूठ जाता है
बेशुमार दर्द दिल को होता है
ज़ेहन भी परेशान हो जाता है
दम घुटकर यूँही मर जाता है

— Raj

32. इक काम कर दो

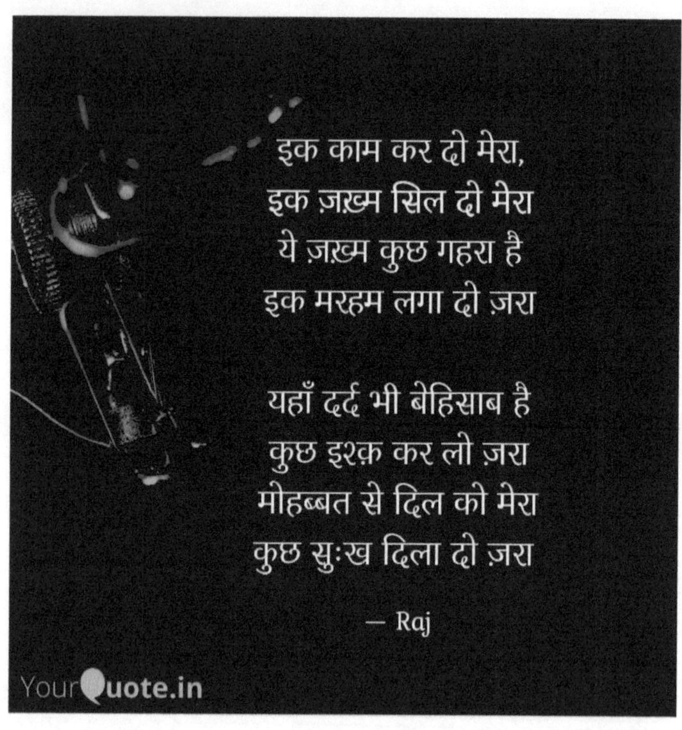

इक काम कर दो मेरा,
इक ज़ख़्म सिल दो मेरा
ये ज़ख़्म कुछ गहरा है
इक मरहम लगा दो ज़रा

यहाँ दर्द भी बेहिसाब है
कुछ इश्क़ कर लो ज़रा
मोहब्बत से दिल को मेरा
कुछ सुःख दिला दो ज़रा

— Raj
YourQuote.in

33. जब भी तेरा ख़्याल

जब भी तेरा ख़्याल

जब भी तेरा ख़याल सताता है मुझें
यादों का समुन्दर खुल जाता है ऐसे
कुछ यहाँ ख़ुशी की तो कुछ उदासी के
नींद उड़ा देता है मेरा, चैन यहाँ गँवा के

— Raj

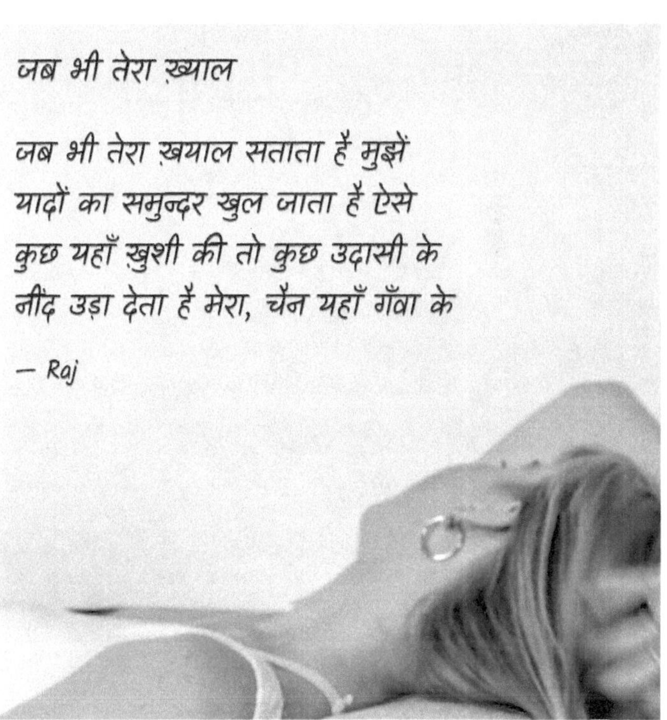

34. जब तुमसे इश्क़ हुआ

35. बस एक वजह दे दो

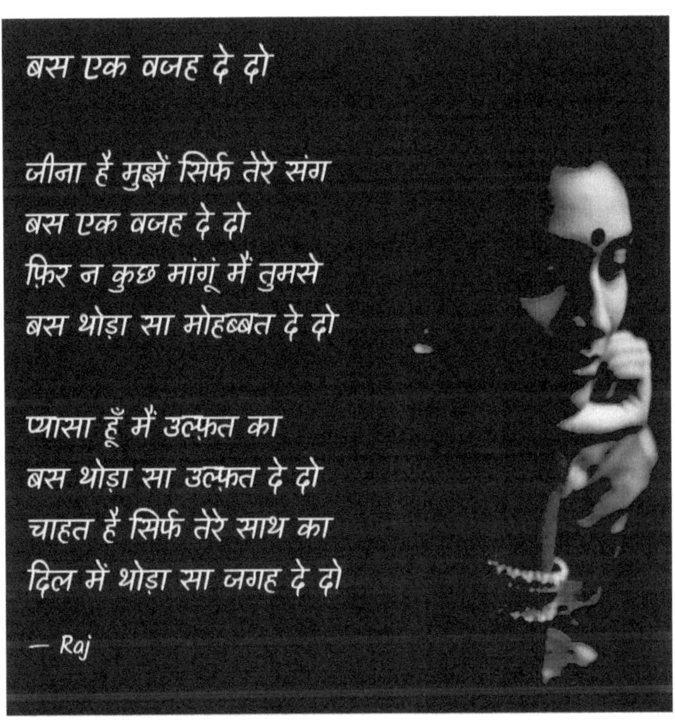

36. जीवन के सफ़र में

जीवन के सफ़र में

जीवन के सफ़र में राही अक्सर थक जाते हैं
चल चल कर ही सही अक्सर प्यासे रह जाते हैं
मेहनत पर मेहनत कर खुद पर इलज़ाम लेते हैं
वो गंगू-तेली ही सही बस राजा भोज बने रहते हैं

— Raj

37. ज़िंदगी मुश्किल है

ज़िंदगी मुश्किल है, मगर

जिंदगी मुश्किल है, मगर चलते ही जाना है
रास्ते असरल है, मगर मंज़िल को पाना है

हौंसला बुलंद कर हर मुश्किल पार जाना है
काँटों भरें राह में मंज़िल फूल बिछा कर पाना है

— Raj

38. जिसकी ज़रूरत थी

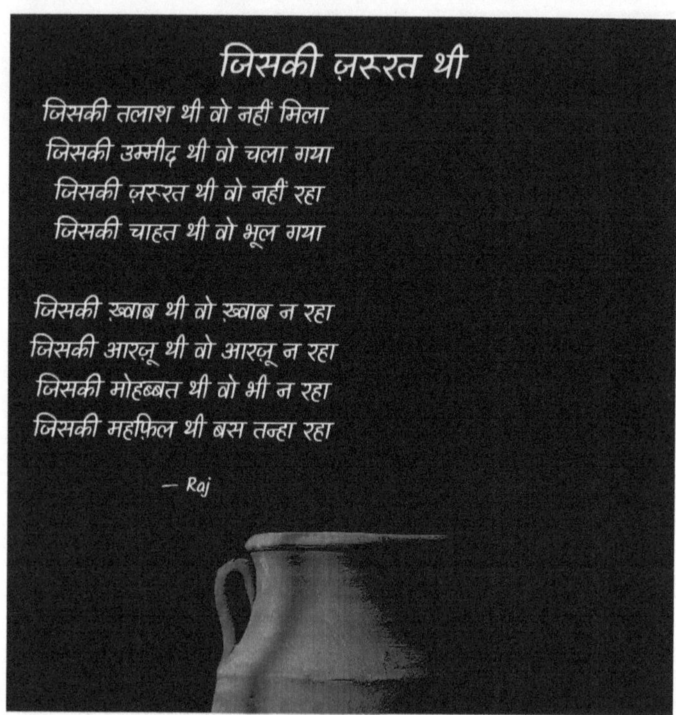

जिसकी ज़रूरत थी
जिसकी तलाश थी वो नहीं मिला
जिसकी उम्मीद थी वो चला गया
जिसकी ज़रूरत थी वो नहीं रहा
जिसकी चाहत थी वो भूल गया

जिसकी ख़्वाब थी वो ख़्वाब न रहा
जिसकी आरज़ू थी वो आरज़ू न रहा
जिसकी मोहब्बत थी वो भी न रहा
जिसकी महफ़िल थी बस तन्हा रहा

— Raj

39. जीना दुश्वार हुआ जाता

कैसा संसार हुआ जाता है,
जीना दुश्वार हुआ जाता है
किसी की गलतफहमी में
दर्द का सैलाब हुआ जाता हैं

इश्क़ की बुनियाद भी यहाँ
यूँही बदनाम हुआ जाता हैं
खेल-खेल में ज़िन्दगी को
यूँही बर्बाद किया जाता हैं

— Raj

40. हाय ये तन्हाइयाँ

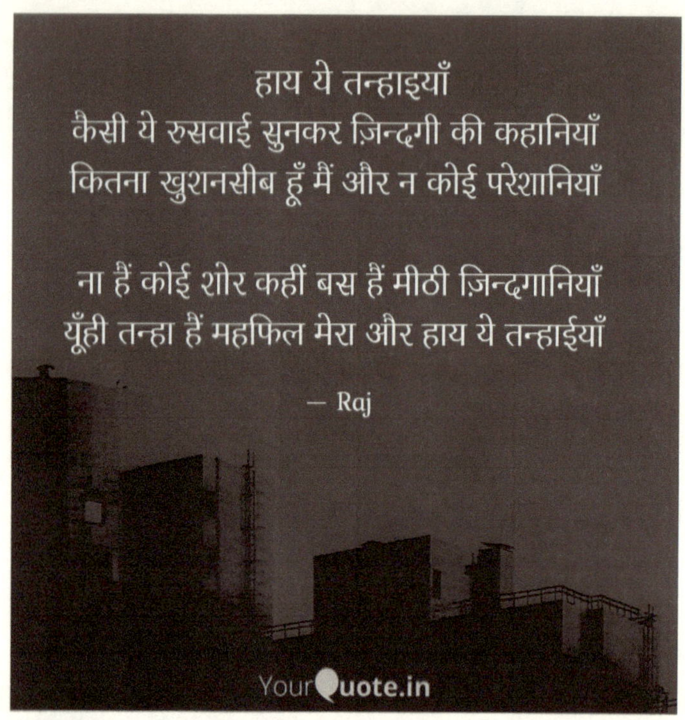

हाय ये तन्हाइयाँ
कैसी ये रुसवाई सुनकर ज़िन्दगी की कहानियाँ
कितना खुशनसीब हूँ मैं और न कोई परेशानियाँ

ना हैं कोई शोर कहीं बस हैं मीठी ज़िन्दगानियाँ
यूँही तन्हा हैं महफिल मेरा और हाय ये तन्हाईयाँ

— Raj

41. तेरी राह देखते-देखते

42. ख़ुद को उलझाना

ख़ुद को उलझाना ठीक नहीं,
बात बढ़ाना ठीक नहीं
जितना हो सको यहाँ लड़ो नहीं,
रंजिश बढ़ाना ठीक नहीं

गलतफहमी में रहना ठीक नहीं,
बात को छुपाना ठीक नहीं
नफ़रत की ज़हर फैलाना ठीक नहीं
उस आग में जलना ठीक नहीं

— Raj

YourQuote.in

43. ख़ुशबू गुलाब का

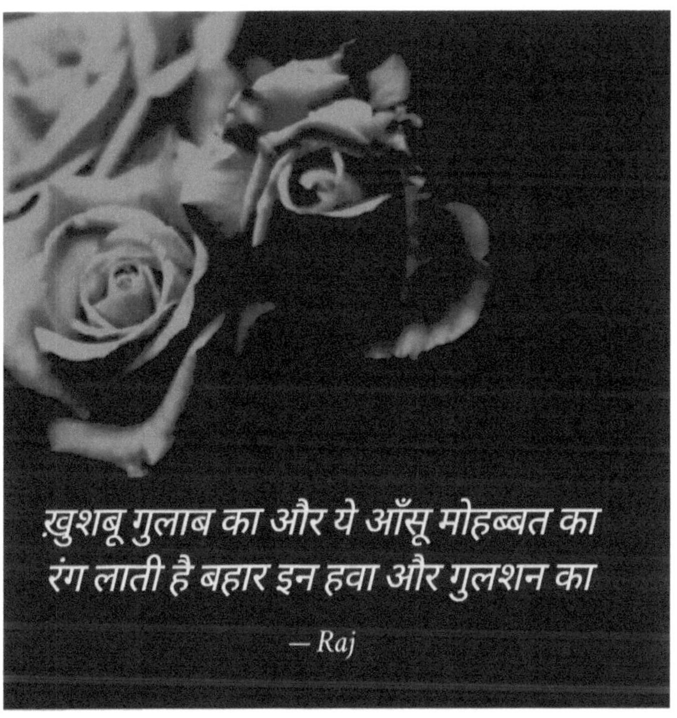

44. इश्क़ की सागर में

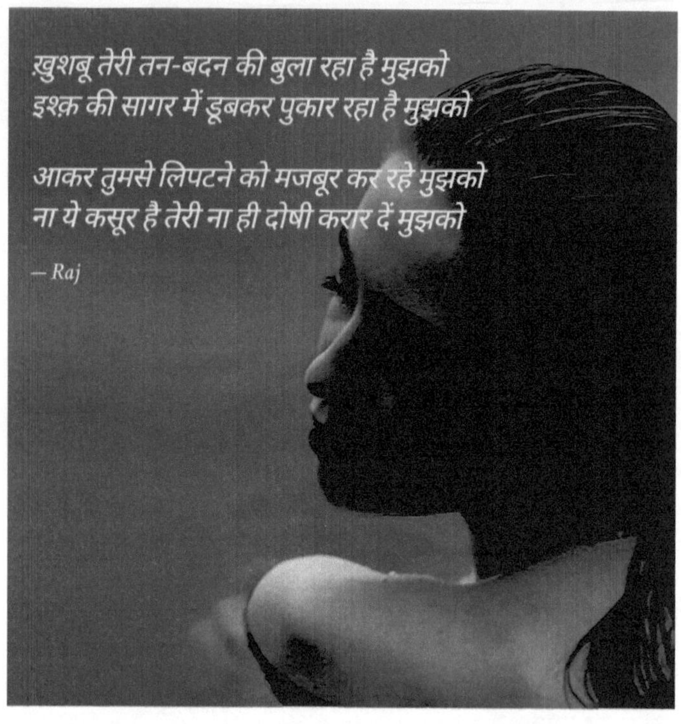

ख़ुशबू तेरी तन-बदन की बुला रहा है मुझको
इश्क़ की सागर में डूबकर पुकार रहा है मुझको

आकर तुमसे लिपटने को मजबूर कर रहे मुझको
ना ये कसूर है तेरी ना ही दोषी करार दें मुझको

— Raj

45. ख़ुशियों की महत्व

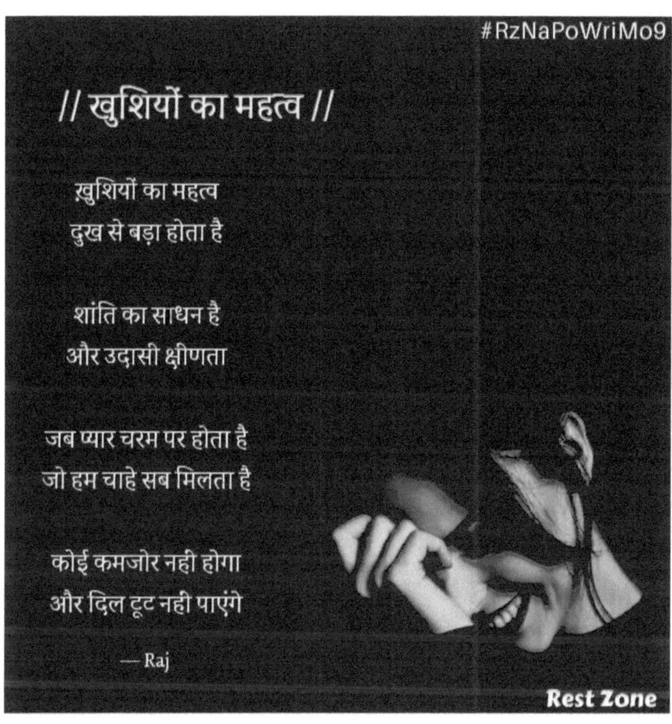
#RzNaPoWriMo9
// खुशियों का महत्व //

खुशियों का महत्व
दुख से बड़ा होता है

शांति का साधन है
और उदासी क्षीणता

जब प्यार चरम पर होता है
जो हम चाहे सब मिलता है

कोई कमजोर नही होगा
और दिल टूट नही पाएंगे

— Raj

Rest Zone

46. ख़्वाब की खिड़की खुली

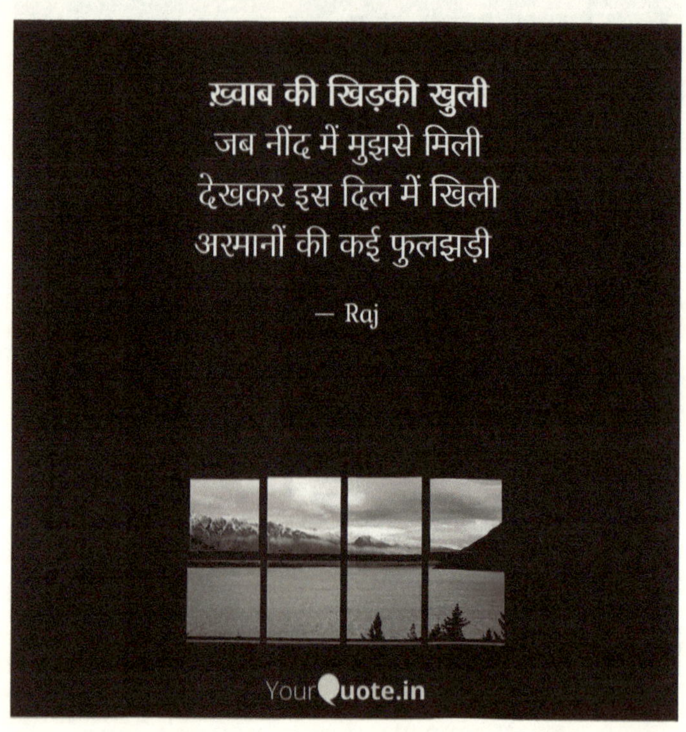

47. मैं और मेरी तन्हाई

मैं और मेरी तन्हाई

खुशनुमा सी ज़िन्दगी
किसी से न शिकवाई
मोहब्बत से भर आई
ये मैं और मेरी तन्हाई

ना है कोई शोर यहाँ
शांति का माहौल यहाँ
ख़ूब जमकर ध्यान करें
ये मैं और मेरी तन्हाई

— Raj

48. किताबों से बढ़कर

किताबों से बढ़कर कोई ज्ञान नहीं है
गुरु से बढ़कर कोई शिक्षक नहीं है

यहाँ जिसे मिला हो तोहफ़ा ज्ञान का
उस से बढ़कर कोई ज्ञानी नहीं हैं

— Raj

49. खुबसूरत और प्यारा

50. कोई नहीं समझ सकता

51. मेरा परिचय

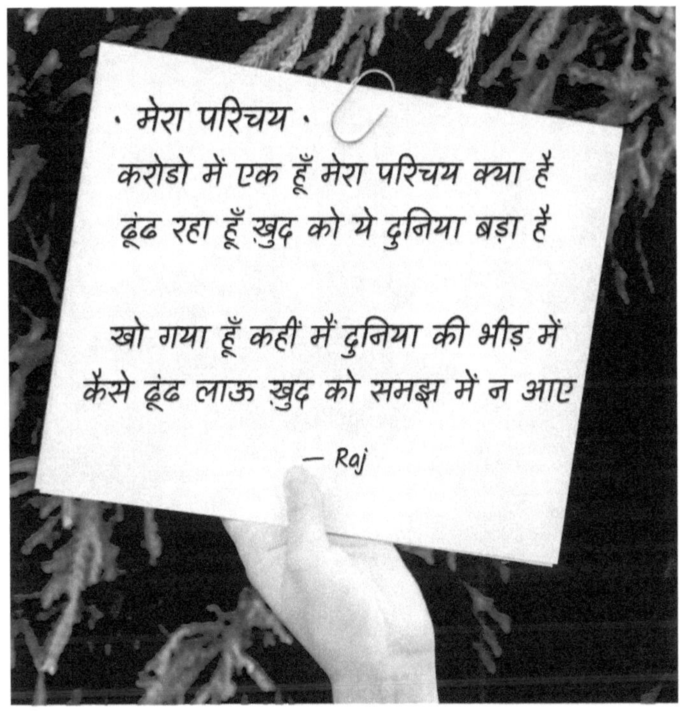
· मेरा परिचय ·
करोडो में एक हूँ मेरा परिचय क्या है
ढूंढ रहा हूँ ख़ुद को ये दुनिया बड़ा है

खो गया हूँ कहीं मैं दुनिया की भीड़ में
कैसे ढूंढ लाऊ ख़ुद को समझ में न आए

— Raj

52. मायूस नहीं होते

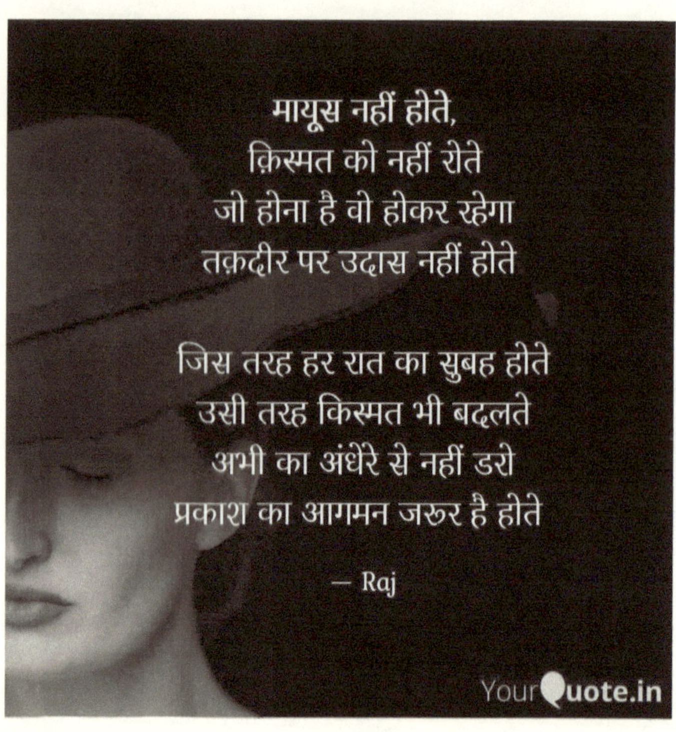

मायूस नहीं होते,
क़िस्मत को नहीं रोते
जो होना है वो होकर रहेगा
तक़दीर पर उदास नहीं होते

जिस तरह हर रात का सुबह होते
उसी तरह किस्मत भी बदलते
अभी का अंधेरे से नहीं डरो
प्रकाश का आगमन जरूर है होते

— Raj

53. मैं और मेरे आँसू

मैं और मेरे आँसू

मैं और मेरे आँसू जिस को देखा ना कोई
मुस्कुराता मुकोटा बस यहाँ देखा सारा होई

दर्द में डूबे दिल को महसूस किया ना कोई
नाचता रहा ताल में जिसे दुनिया नचाता होई

— Raj

54. मुसाफ़िर चलते रहते हैं

55. प्रेम

प्रेम
महका दें ये वादिया बस तुम्हारी ही प्रेम से
खिल जाएगा चमन भी फूलों की बौछार से
— Raj
Shayar1221

56. महताब सा रोशन

महताब सा रोशन तेरा इश्क़ रहे
तुम सदा इस ज़िन्दगी में खुश रहे
सजदा कर मांगू तेरे रब से दुआ मैं
बस यूँही ख़ुशियों से तुम फुले फ़ले

— *Raj*

57. ख़ुशी के कुछ पल

प्रतियोगिता RQ|01
ख़ुशी के कुछ पल

मिल जाता अगर यहाँ ख़ुशी के कुछ पल
हो ही जाता मेरा ये जीवन जन्नत हर पल

ख़ुद उदास रहकर ख़ुशियाँ बाटें है हमने
रोता गया सफ़र मुस्कुराता नक़ाब ओढ़े हुए

चाहकर भी पा ना सकूँ ऐसी क्या तक़दीर है
एक पल ना मिला मुझें जहाँ ख़ुश रह सके

— Raj

YourQuote.in

58. मोहब्बत के फूल

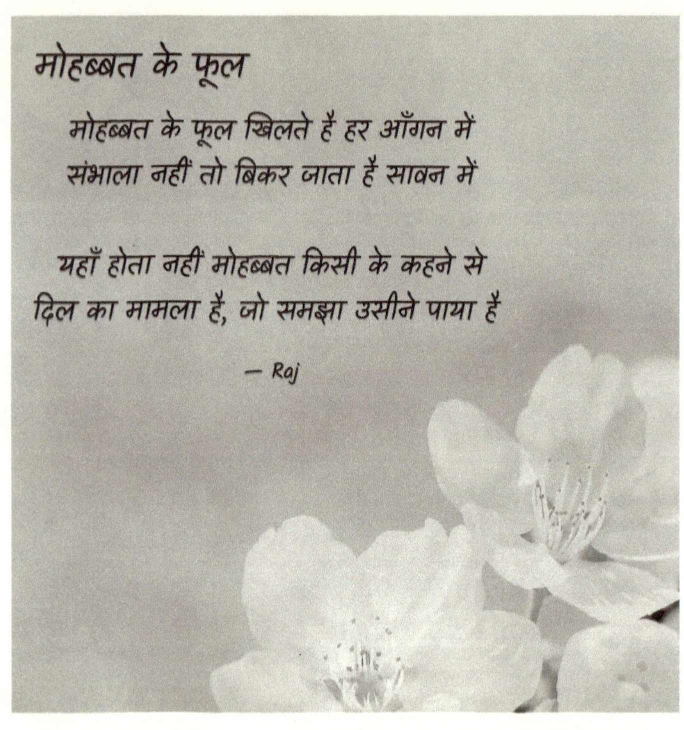

मोहब्बत के फूल

मोहब्बत के फूल खिलते है हर आँगन में
संभाला नहीं तो बिकर जाता है सावन में

यहाँ होता नहीं मोहब्बत किसी के कहने से
दिल का मामला है, जो समझा उसीने पाया है

— Raj

59. मुझे विश्वास है

मुझे विश्वास है कि तुम
एक दिन लौटकर आओगी
मेरे इश्क़ की पुकार को तुम
नज़रअंदाज़ नहीं कर पाओगी

इस ज़माने की टोकरों को
तुम यूँही नहीं सह पाओगी
एक दिन थके हारे ही सही
तुम मेरी बाहीं में आओगी

— Raj

YourQuote.in

60. किस चीज़ की कमी

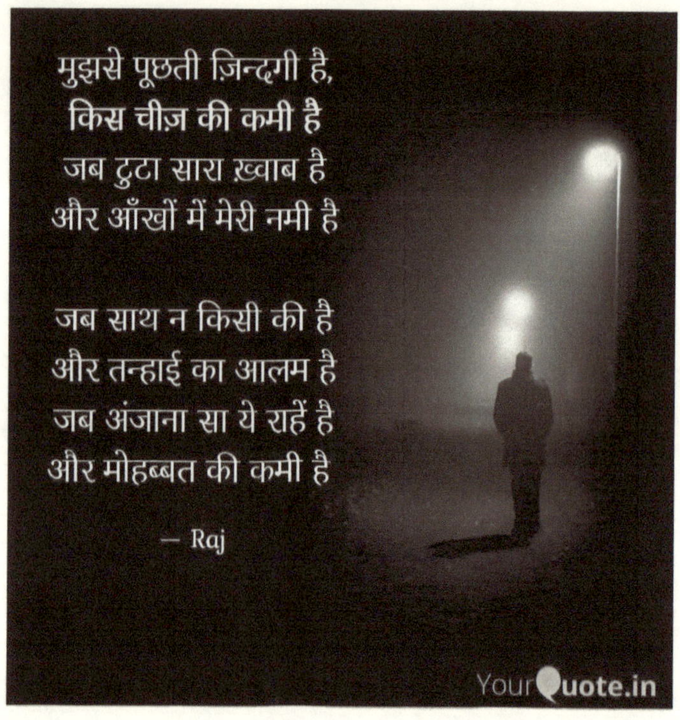

मुझसे पूछती ज़िन्दगी है,
किस चीज़ की कमी है
जब टुटा सारा ख़्वाब है
और आँखों में मेरी नमी है

जब साथ न किसी की है
और तन्हाई का आलम है
जब अंजाना सा ये राहें है
और मोहब्बत की कमी है

— Raj

61. मुसाफ़िर चलते जाते है

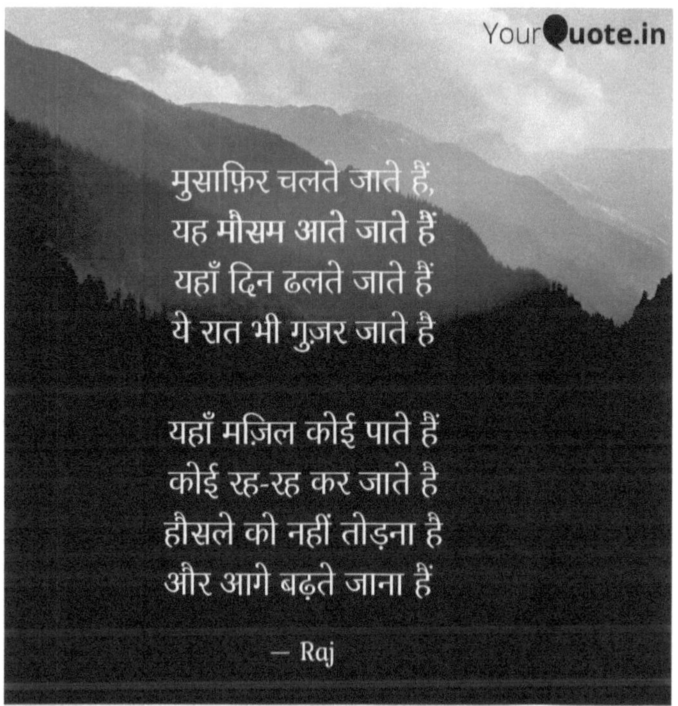

62. नैसर्गिक आपदाए

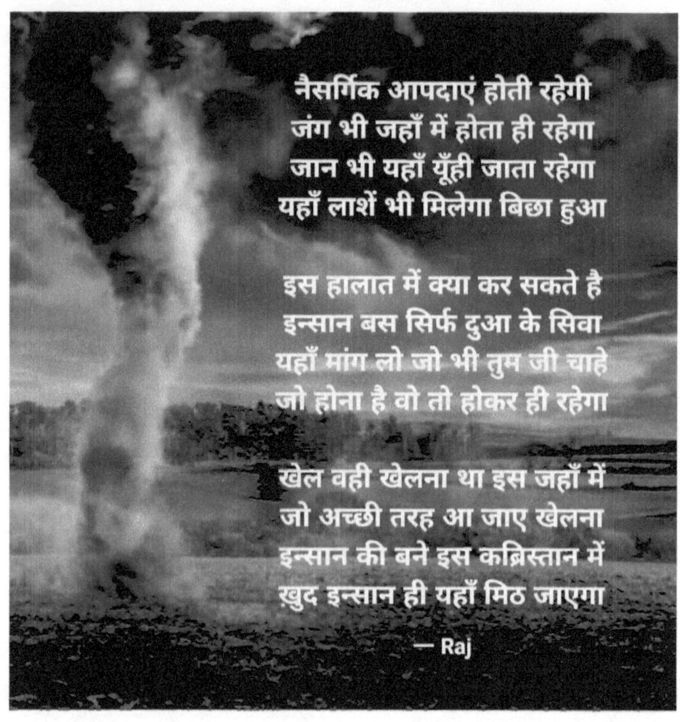

63. निकलो मेरी जान

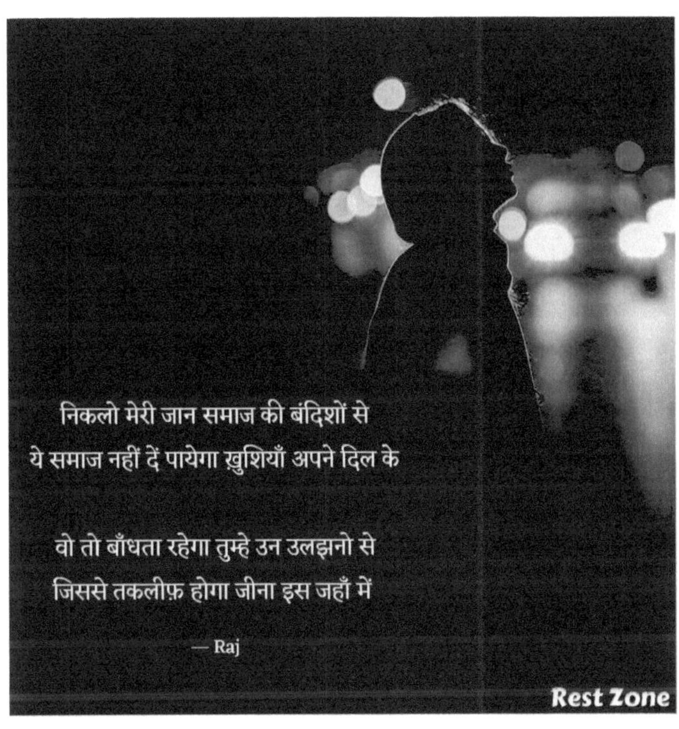

निकलो मेरी जान समाज की बंदिशों से
ये समाज नहीं दें पायेगा खुशियाँ अपने दिल के

वो तो बाँधता रहेगा तुम्हे उन उलझनो से
जिससे तकलीफ़ होगा जीना इस जहाँ में

— Raj

Rest Zone

64. निराशा से घबराकर

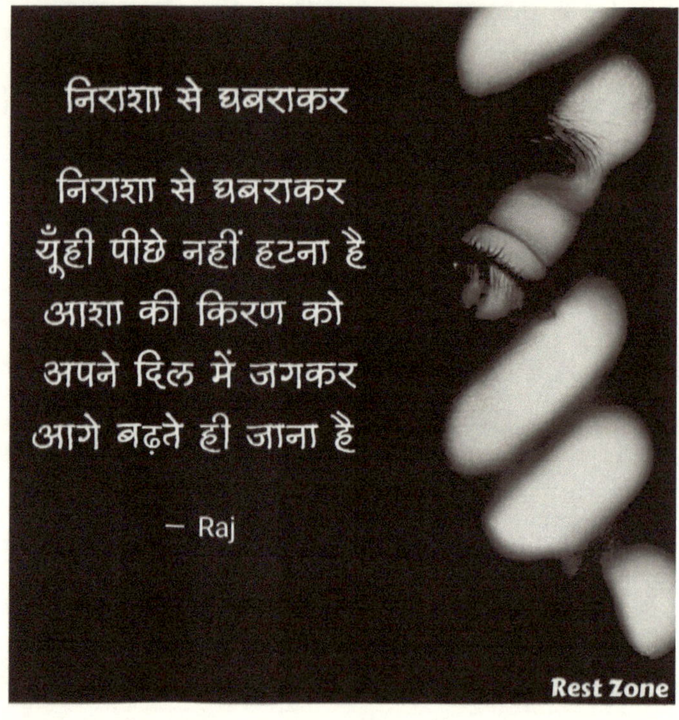

65. नतीजा जो भी निकले

नतीजा जो भी निकले,
मगर दिल जो कहे वो कर ही जाओ
सोचो ना तुम फ़ल का,
बस ज़हन जो कहे वो कर ही डालो

धर्म और कर्म को अपने
यहाँ ना सोचते रहो बस कर ही जाओ
अधर्म और कुकर्म का यहाँ
बुरा नतीजा होता है बस तुम यही जानो

— Raj

66. इन पहाड़ों से सिखा

इन पहाड़ों से सीखा मैंने मज़बूती है क्या
चाहे आंदि आए या तूफ़ान यहाँ ठीकना है कैसा
इन्ही वादियों से सीखा मैंने प्रेम होता है क्या
चाहे नफ़रत फैले या रंजिश इश्क़ करना है कैसा
— Raj

67. फल्तुगिरी लिखना भी

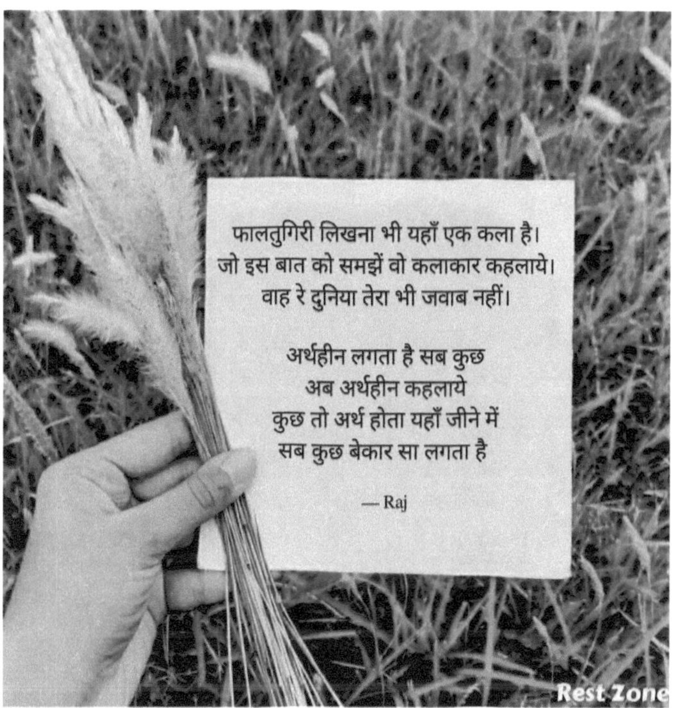

68. बिखर न जाएं कहीं

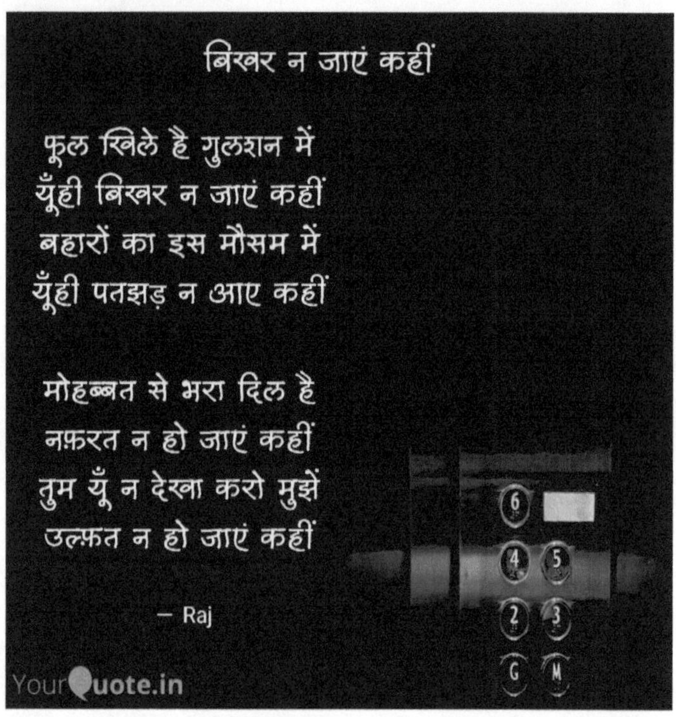

बिखर न जाएं कहीं

फूल खिले है गुलशन में
यूँही बिखर न जाएं कहीं
बहारों का इस मौसम में
यूँही पतझड़ न आए कहीं

मोहब्बत से भरा दिल है
नफ़रत न हो जाएं कहीं
तुम यूँ न देखा करो मुझें
उल्फत न हो जाएं कहीं

– Raj

YourQuote.in

69. ज़िन्दगी अलविदा

अर्ज़ कुछ यूँ किया है ज़रा गौर फरमाइयेगा

विषय: शुक्रिया ज़िन्दगी
शीर्षक: ज़िन्दगी अलविदा

जिसने भी चखा है ज़िन्दगी का मज़ा
वो कह ही देंगे ऐ ज़िन्दगी अलविदा

शुक्रिया ज़िन्दगी कहने वाले मिलेगा
खूब ढूंढने से बहुत कम लोग यहाँ

हर एक को रास नहीं आई है ज़िन्दगी
किसी को खोज तो किसी को जन्नत यहाँ

जिसे लगा है ज़िन्दगी जन्नत यहाँ
वो कह ही देंगे ऐ ज़िन्दगी तेरा शुक्रिया
—श्रीराज मेनन (राज)

70. ज़िंदगीभर के लिए

Sketch by - Ritika Sharma

ज़िंदगीभर के लिए

साथ देने का वादा था तेरा जिंदगीभर के लिए
पर तुम छोड़ चले मुझको तड़पने उम्रभर के लिए

और कुछ न चाहा बस मोहब्बत पल भर के लिए
ना समझा दिल को दे दी दर्द जीवनभर के लिए

— Raj

Rest Zone

71. शब-ए-महताब

72. तेरा शर्माना

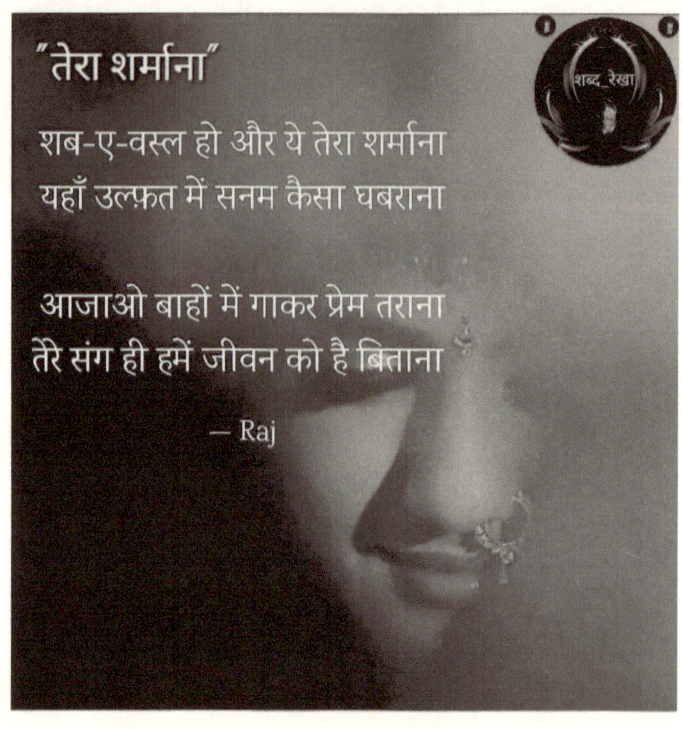

"तेरा शर्माना"

शब-ए-वस्ल हो और ये तेरा शर्माना
यहाँ उल्फ़त में सनम कैसा घबराना

आजाओ बाहों में गाकर प्रेम तराना
तेरे संग ही हमें जीवन को है बिताना

— Raj

73. आत्मनिर्भर नारी

74. ऐ धरती माँ

शीर्षक: ऐ धरती माँ

खून की आँसू रो रही है
प्रहार कितनी हो रही है
ऐ धरती माँ तेरी सीने पे
तुम कितने वार सह रही है

तहस-नहस कर डाला है
तेरी हँसीन वादोँयों को
प्रदूषित भी कर डाला है
इन ज़ालिमों ने हवाओं को

तेरी ही संतानों को यहाँ
मार रहे है कुछ हैवान यहाँ
सीना तेरी छल्ली करकर
बमबारी कर रहे है लोग यहाँ

कैसे सह लेती हो तुम ये दर्द
जो दे रहे है ये लोग यहाँ
क्यों न दण्डित करती हो तुम
लाकर प्रलय और तूफ़ान यहाँ

— Raj

75. हमसफ़र

शीर्षक: हमसफ़र

काश कोई ऐसा मिल जाए
जो मेरा हमसफ़र बन जाए
यूँही मिलजुल कर रह जाए
बेशुमार मोहब्बत कर जाए

लड़ाई जगड़े ना कर जाए
बस प्रेम ही प्रेम बरस जाए
जिसकी प्रेम में लुप्त हो जाए
ऐसा एक मिसाल कर जाए

ना वो कोई श्रृंगार कर जाए
जैसा है वो वैसा ही रह जाए
किसी की बहकावे मे न आए
बस अपनी बात वो कर जाए

— Raj

76. कायनात

शीर्षक: कायनात

फूटेगी ज्वालामुखी इस दुनिया में
ख़ाबमा होगा यहाँ इन्सानियत का
जो भी बच जाए इस आपदा से
वो लेगा सहारा यहाँ अध्यात्म का

ख़त्म हो जाएगा ये कायनात यहाँ
जिसका जिम्मेदार इन्सान ही होगा
बहुत खेल लिए इस कायनात से
अब ये वक़्त है सिर्फ भुगतान का

— Raj

77. कहानी बचपन की

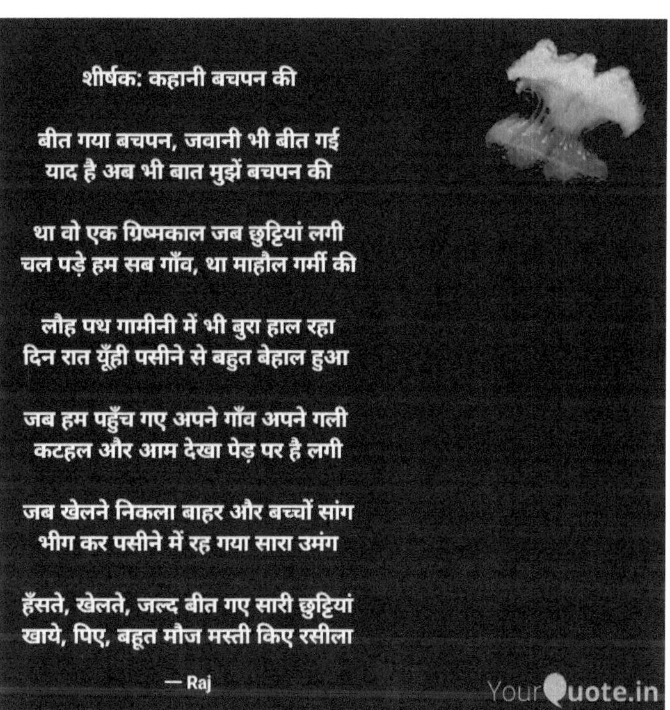

शीर्षक: कहानी बचपन की

बीत गया बचपन, जवानी भी बीत गई
याद है अब भी बात मुझें बचपन की

था वो एक ग्रिष्मकाल जब छुट्टियां लगी
चल पड़े हम सब गाँव, था माहौल गर्मी की

लौह पथ गामीनी में भी बुरा हाल रहा
दिन रात यूँही पसीने से बहुत बेहाल हुआ

जब हम पहुँच गए अपने गाँव अपने गली
कटहल और आम देखा पेड़ पर है लगी

जब खेलने निकला बाहर और बच्चों सांग
भीग कर पसीने में रह गया सारा उमंग

हँसते, खेलते, जल्द बीत गए सारी छुट्टियां
खाये, पिए, बहुत मौज मस्ती किए रसीला

— Raj

Your Quote.in

78. सपने आते हैं

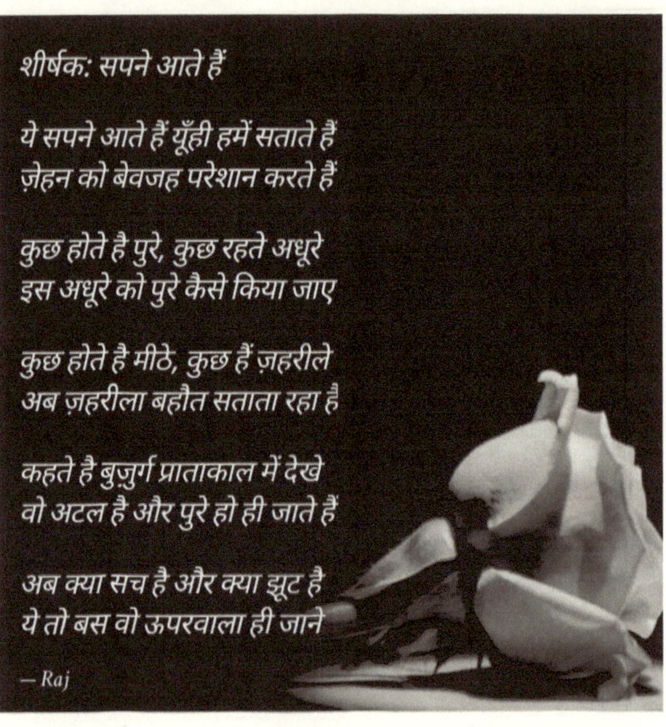

शीर्षक: सपने आते हैं

ये सपने आते हैं यूँही हमें सताते हैं
ज़ेहन को बेवजह परेशान करते हैं

कुछ होते है पुरे, कुछ रहते अधूरे
इस अधूरे को पुरे कैसे किया जाए

कुछ होते है मीठे, कुछ हैं ज़हरीले
अब ज़हरीला बहौत सताता रहा है

कहते है बुज़ुर्ग प्राताकाल में देख
वो अटल है और पुरे हो ही जाते हैं

अब क्या सच है और क्या झूट है
ये तो बस वो ऊपरवाला ही जाने

— Raj

79. चाह कर भी

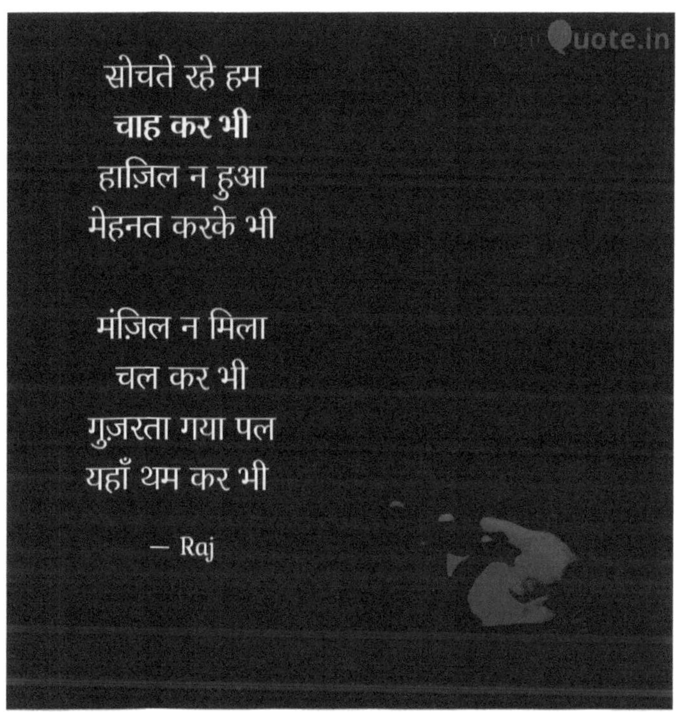

सोचते रहे हम
चाह कर भी
हाज़िल न हुआ
मेहनत करके भी

मंज़िल न मिला
चल कर भी
गुज़रता गया पल
यहाँ थम कर भी

— Raj

80. सुनसान सी सड़क

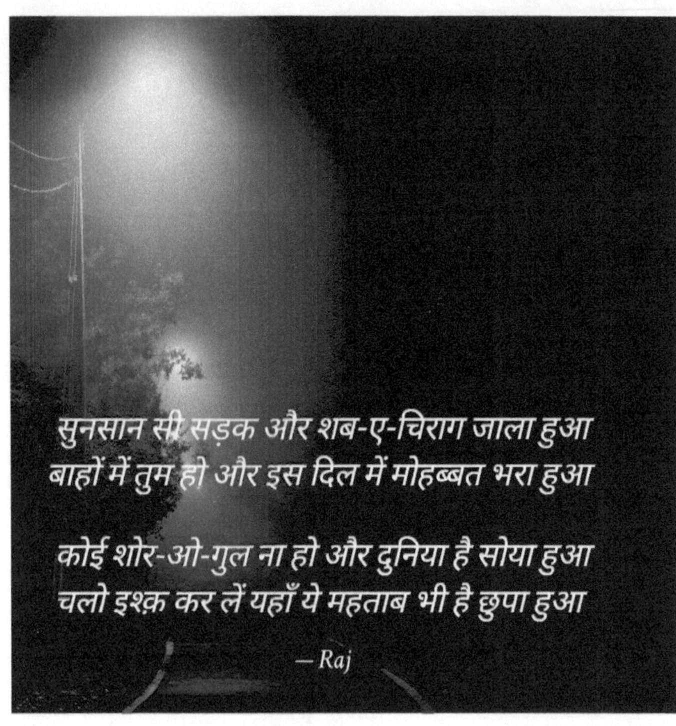

सुनसान सी सड़क और शब-ए-चिराग जाला हुआ
बाहों में तुम हो और इस दिल में मोहब्बत भरा हुआ

कोई शोर-ओ-गुल ना हो और दुनिया है सोया हुआ
चलो इश्क़ कर लें यहाँ ये महताब भी है छुपा हुआ

—Raj

81. रंगों की बरसात है

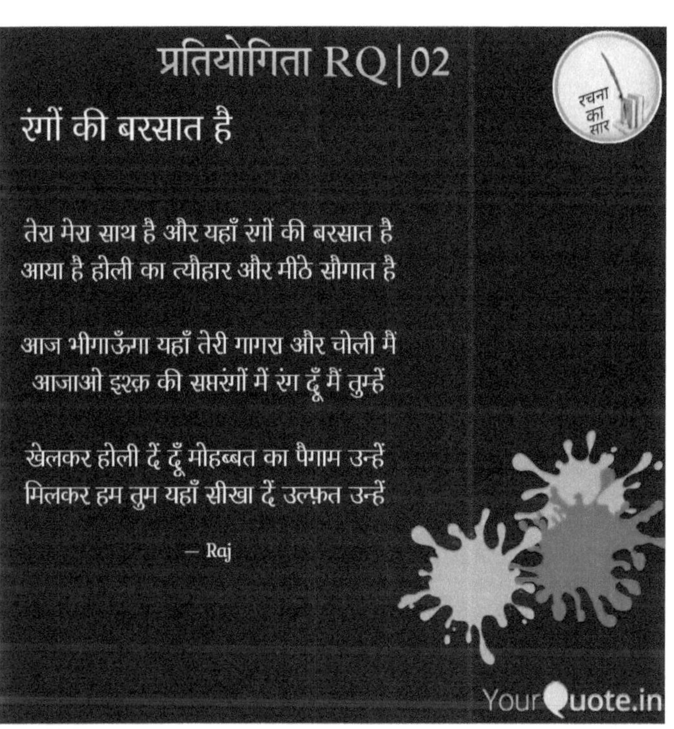

प्रतियोगिता RQ|02
रंगों की बरसात है

तेरा मेरा साथ है और यहाँ रंगों की बरसात है
आया है होली का त्यौहार और मीठे सौगात है

आज भीगाऊँगा यहाँ तेरी गागरा और चोली मैं
आजाओ इश्क़ की सतरंगों में रंग दूँ मैं तुम्हें

खेलकर होली दें दूँ मोहब्बत का पैगाम उन्हें
मिलकर हम तुम यहाँ सीखा दें उल्फ़त उन्हें

— Raj

रचना
का
सार

YourQuote.in

82. तेरा रूप वो कविता है

83. लेखक

लेखक / Writer

तेरी मोहब्बत ने मुझें क्या क्या दिन दिखलाया
भोला भाला सा था मैं मुझें लेखक बना दिया

ना थी कभी चाहत यूँही दर्द में जिंदगी गुजरने को
अब दर्द से भरा दिल है मेरा तन्हाई में तड़पाने को

— Raj

Rest Zone

84. तुमसे दूर होकर

तुमसे दूर होकर

तन्हाई का आलम बहुत भा लिया मुझे
तुमसे दूर होकर बहुत जी लिया हमने

अब न करेंगे उल्फ़त-ए-इश्क़ की बातें
इस मोहब्बत ने कर दिया है घायल मुझे

— Raj

85. तन्हा कर मुझे

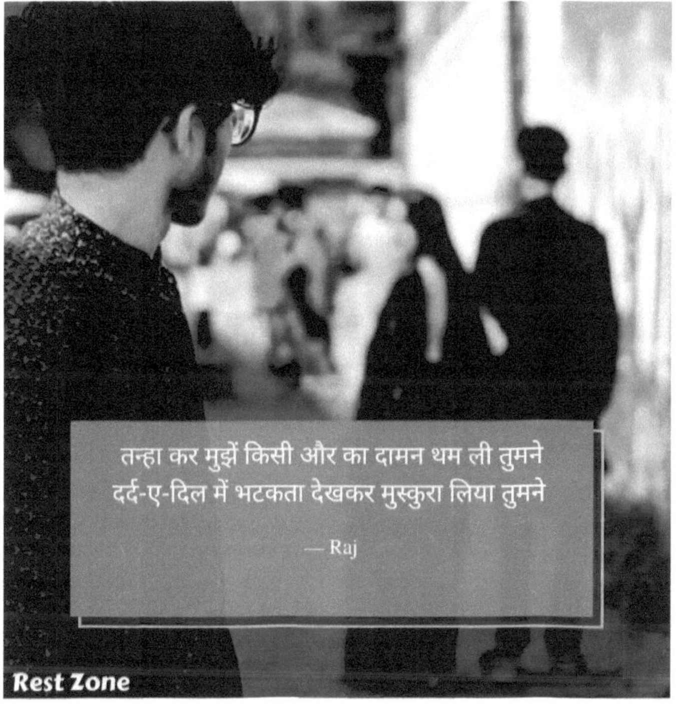

तन्हा कर मुझें किसी और का दामन थम ली तुमने
दर्द-ए-दिल में भटकता देखकर मुस्कुरा लिया तुमने

— Raj

Rest Zone

86. इश्क़ वो तोहफ़ा है

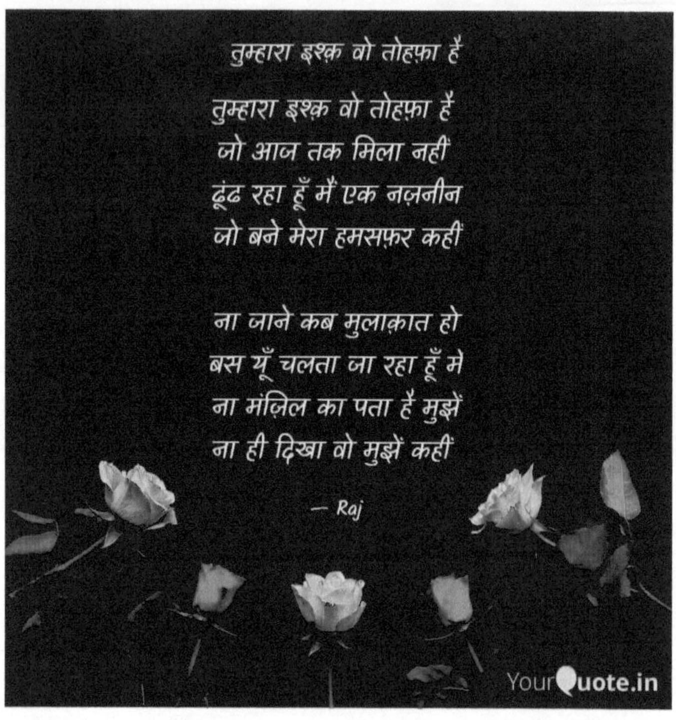

तुम्हारा इश्क़ वो तोहफ़ा है

तुम्हारा इश्क़ वो तोहफ़ा है
जो आज तक मिला नहीं
ढूँढ रहा हूँ मैं एक नज़नीन
जो बने मेरा हमसफ़र कहीं

ना जाने कब मुलाक़ात हो
बस यूँ चलता जा रहा हूँ मे
ना मंज़िल का पता है मुझे
ना ही दिखा वो मुझें कहीं

— Raj

87. क्या ग़लत मैंने किया

क्या ग़लत मैंने किया

तुम ही बताओ,
क्या ग़लत मैंने किया
ख़ुद को भूलकर
बेपनाह मोहब्बत किया

चाहता था तुमको
पर दर्द बेशुमार दिया
उस दर्द में जलाते
जीना मेरा दुश्वर किया

— Raj

88. तुमसे कहते रहे हम

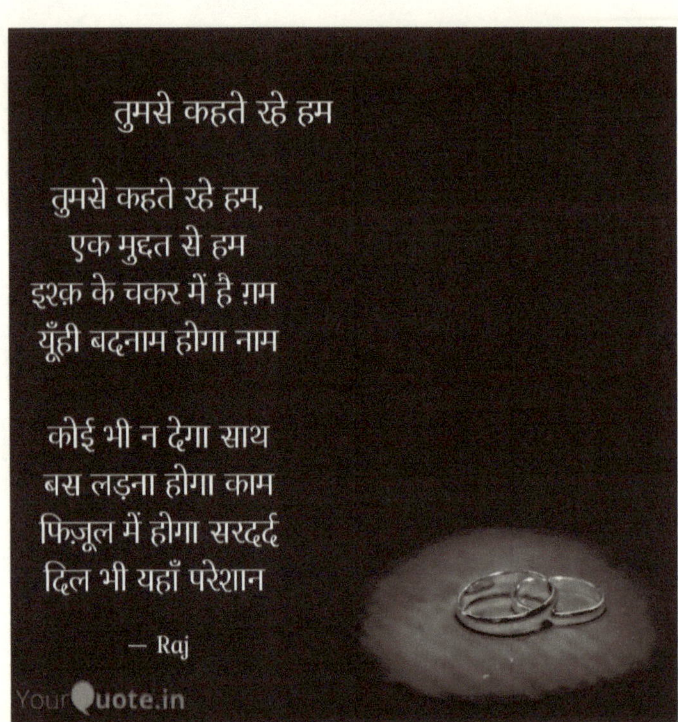

89. तूफ़ान से पहले

90. यारों की यारी

यारो की यारी

यारों की यारी है सब से प्यारी
न होता ताक़रार, न होता लड़ाई
बस है दिल में मोहब्बत वो सारी
एक दूजे के लिए करता क़ुरबानी

चाहे यहाँ दुःख हो या सुःख भरी
रहता हैं हर पल ये साथ तुम्हारी
दोस्ती कर जो भी निभाए दोस्ती
वही होता है जहाँ में सच्चा यारी

— Raj

— शब्दसारथी

YourQuote.in

91. वो चाँद भी तन्हा

वो चाँद भी तन्हा
ये मौसम सुहाना
दिल भी मस्ताना
ये रात है दिवाना
वो चाँद भी तन्हा

आओ बातें कर ले
कुछ वक्त बिताये
हम यूँही साथ तेरे
कुछ इश्क़ फरमाए

यहाँ हम भी तन्हा
दिल भी अकेला
ये दूर हो जाएगा
मिले साथ तुम्हारा

— Raj

Rest Zone

92. मन का अँधेरा

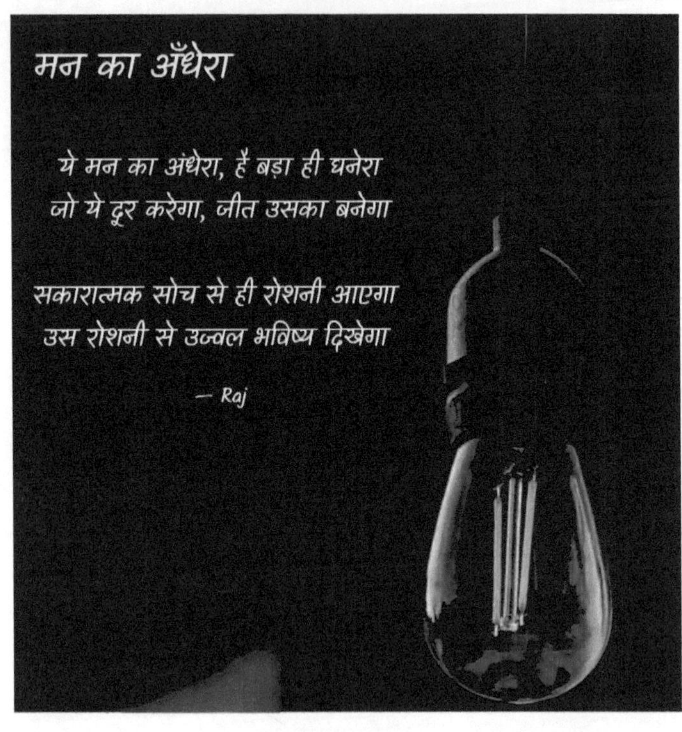

मन का अँधेरा

ये मन का अंधेरा, है बड़ा ही घनेरा
जो ये दूर करेगा, जीत उसका बनेगा

सकारात्मक सोच से ही रोशनी आएगा
उस रोशनी से उज्ज्वल भविष्य दिखेगा

— Raj

93. जीवन महकता रहे

यही कामना है हमारी,
जीवन महकता रहे आपका
हम-आप मिलें ना मिलें
झोली ख़ुशियों से भरें आपका

दुआ हर दम करता हूँ मैं
गुलिस्ता फूलते रहे आपका
इश्क़ की गलियों में यूँही
मोहब्बत फलता रहे आपका

— Raj

94. इज़हार-ए-मोहब्बत

95. यूँ देखा न करो

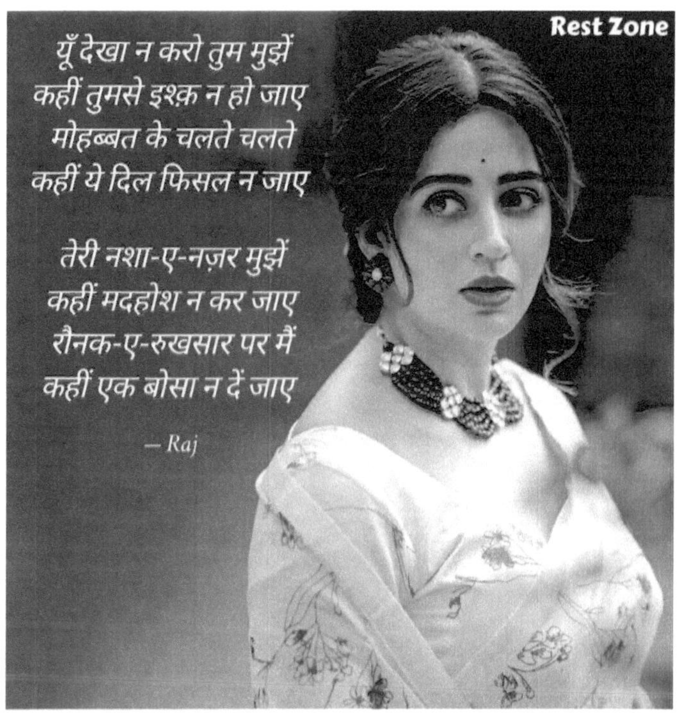

Rest Zone

यूँ देखा न करो तुम मुझें
कहीं तुमसे इश्क़ न हो जाए
मोहब्बत के चलते चलते
कहीं ये दिल फिसल न जाए

तेरी नशा-ए-नज़र मुझें
कहीं मदहोश न कर जाए
रौनक-ए-रुखसार पर मैं
कहीं एक बोसा न दें जाए

— Raj

96. गले से लगाकर

यूँ गले से लगकर तेरी दुनिया को भूल जाऊँ मैं
बस तेरी खातिर दुनिया की भीड़ में खो जाऊँ मैं
— Raj
Shayar1221

97. ज़िन्दगी का हाथ थामकर

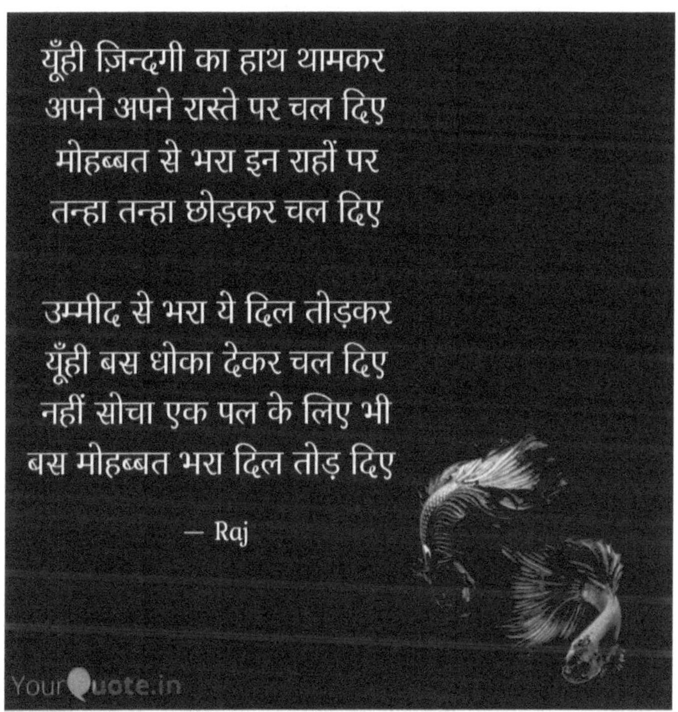

98. इश्क़ ख़ुदा की दुआ

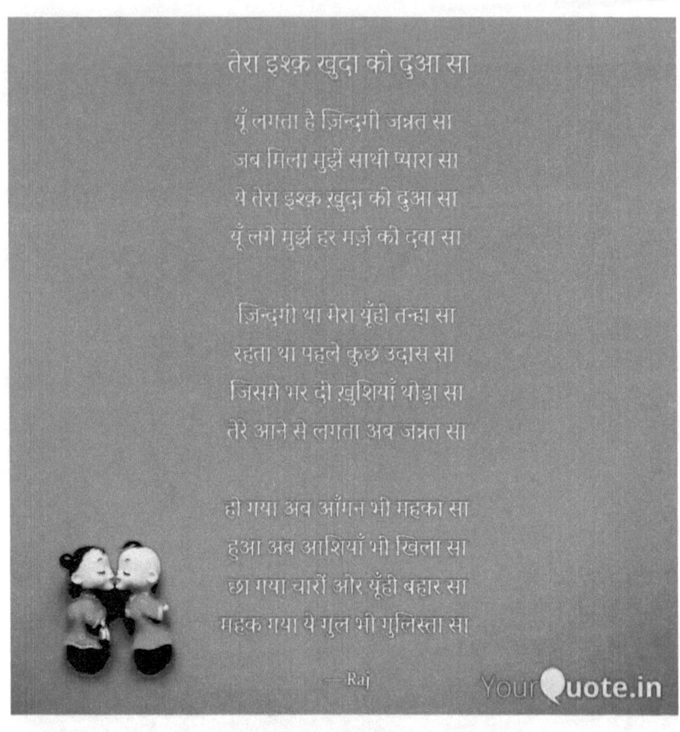

तेरा इश्क़ ख़ुदा की दुआ सा

यूं लगता है ज़िन्दगी जन्नत सा
जब मिला मुझे साथी प्यारा सा
ये तेरा इश्क़ ख़ुदा की दुआ सा
यूं लगे मुझे हर मर्ज़ की दवा सा

ज़िन्दगी था मेरा यूंही तन्हा सा
रहता था पहले कुछ उदास सा
जिसमे भर दी ख़ुशियाँ थोड़ा सा
तेरे आने से लगता अब जन्नत सा

हो गया अब आँगन भी महका सा
हुआ अब आशियाँ भी खिला सा
छा गया चारों ओर यूँही बहार सा
महक गया ये गुल भी गुलिस्ता सा

— Raj

99. ज़िन्दगी एक मंच है

ज़िन्दगी एक मंच है
जिसने जीना सिखाया
यहाँ वो ही एक मंच है
जहाँ पर मरना है जाना

सीखलाता है वो खेल
जीवन का कैसे खेलना
जिसने ना सीखा पाठ
उसका यहाँ कैसा जीना

— Raj

100. ज़ख्म देने वाले भी

अस्वीकरण

सभी रचनाएँ कल्पना पर आधारित हैं। इसका लेखक के जीवन या ब्रह्मांड में किसी से कोई लेना-देना नहीं है। सभी लेख काल्पनिक हैं और किसी जीवित या मृत व्यक्ति से कोई समानता नहीं है। यदि कोई समानता है तो यह मात्र संयोग है।

लेखक की जीवनी

श्री के.सी. श्रीराज मेनन, जिनका जन्म केरल के एक संपन्न परिवार में 09 सितंबर 1973 को श्री कोझीपुरथ संकुन्नी मेनन और श्रीमती किज़हारा चालापुरथ सेथुलक्ष्मी मेनन के घर हुआ और महाराष्ट्र में अधिवासित हैं। वह बचपन से ही तेज-तर्रार शायरी करते थे, कहते और भूल जाते थे। एक बार उनके एक करीबी दोस्त ने इस पर गौर किया और उन्हें जो भी कविताएँ या उद्धरण कहते थे, उन्हें लिखने के लिए मजबूर किया और तब से उन्होंने लिखना शुरू कर दिया। उन्होंने अपनी कविताओं और उद्धरणों को अपने और अपने करीबी दोस्तों के पास तब तक सीमित रखा जब तक उन्हें अपने कामों को ऑनलाइन लिखने के लिए एक मंच नहीं मिला। वह Your Quote साइट पर एक सक्रिय लेखक हैं और उन्हें प्रतियोगिता के लिए कई प्रशंसापत्र और प्रमाणपत्र प्राप्त हुए हैं। वह एक बहुभाषी लेखक हैं और उनका लेखन विस्मयकारी है। चाहे वह अंग्रेजी, हिंदी, उर्दू, मलयालम और मराठी हो, वह सभी भाषाओं में उत्कृष्ट है। वह कई दिलचस्प लेखकों के लिए एक बड़ी प्रेरणा भी हैं। वह मुंबई विश्वविद्यालय से स्नातक हैं। वह एक एकाउंटेंट हैं और एक स्व-शिक्षित कंप्यूटर इंजीनियर भी हैं। उनके कौशल शीर्ष पायदान पर हैं और उनके पास कई प्रमाणपत्र हैं। अभिनय, लेखन, पेंटिंग और नृत्य और संगीत सुनना आदि... आदि उनके जुनून हैं।
Mail Id.: shreeraj_m@yahoo.co.uk